AF278514

P.-L. LORGUEILLEUX.

ESQUISSE

D'UNE

RÉVOLUTION

PAR L'ÉDUCATION.

L'homme est de toutes les créatures la plus susceptible d'Éducation, et celle qui peut le moins s'en passer.

Les différences que l'on observe entre les hommes, tiennent plus encore à la culture qu'à la race et au climat.

Être ou ne pas être, vivre ou mourir, La RÉVOLUTION OU LA MORT : telle est la question.

Sursùm corda !

PRIX : 50 CENTIMES.

ROUEN,

IMPRIMERIE DE GIROUX,

Rue de l'Hôpital, 25

1872

P.-L. LORGUEILLEUX.

ESQUISSE

D'UNE

RÉVOLUTION

PAR L'ÉDUCATION.

> L'homme est de toutes les créatures la plus susceptible d'Éducation, et celle qui peut le moins s'en passer.
>
> Les différences que l'on observe entre les hommes, tiennent plus encore à la culture qu'à la race et au climat.
>
> Être ou ne pas être, vivre ou mourir, La RÉVOLUTION OU LA MORT : telle est la question.
>
> *Sursùm corda !*

ROUEN,

IMPRIMERIE DE GIROUX,

Rue de l'Hôpital, 25

1872

A L'ASSEMBLÉE NATIONALE.

PROGRAMME.

La France adopte la Révolution par l'Éducation exclusivement civile et militaire dans toutes les communes, augmentée de l'enseignement secondaire professionnel, pour les chefs-lieux de canton, sous les modes gratuit et obligatoire.

La postérité cherchera un caractère parmi les divers personnages qui ont occupé le pouvoir, en France, depuis le règne des courtisanes, au xviiie siècle (1), jusqu'au 4 septembre 1870, et elle ne trouvera que des idiots et des jongleurs (2), mais pas un penseur, pas un philosophe, pas un homme de cœur. Est-ce Louis XVI ? Mais la lumière étant faite par les immortels travaux des encyclopédistes, il ne lui restait, pour sauvegarder son honneur, qu'à renier hautement le droit divin et la religion d'Etat, qui avaient sanctionné les turpitudes de Louis XIV et les infamies de Louis XV. Ne pas voir clair alors, dans les signes du temps, c'était pis que de l'idiotisme, c'était de la dépravation. Est-ce Napoléon Ier ? Oh! avec celui-là, c'est autre chose : la démence est flagrante. En voilà un qui entreprend sérieusement de greffer Charlemagne sur la Révolution française !!! De Louis-Philippe, nous ne dirons que ceci: c'est que s'il eût fait deux pas, alors qu'on ne lui demandait que d'en faire un seul, s'il eût répondu par le suffrage universel à la demande de l'élargissement du cens, il illustrait sa mémoire et mourait roi.

Quel jugement porter maintenant des doublures de ces pauvres gens : Louis XVIII, Charles X, Napoléon III ? Il ne manque plus au tableau que l'appoint d'une altesse sérénissime, d'une seule ! pour que la mystification soit renforcée sur toutes les lignes, et la ruine irrémédiable !

Après les interminables saturnales de Louis XIV et de Louis XV, voici ce qu'il y avait à faire: abandonner le système du recul aux imbéciles, prendre la tête des idées et faire de la révolution; mais faire de la révolution par l'Éducation.

On le pouvait à cette époque, on le peut aujourd'hui, on le pourra toujours, comme, en effet, on pourra toujours dresser et

---

(1) La Châteauroux, la Pompadour, la Du Barry, désignées alors sous les noms de Cotillon Ier, Cotillon II, Cotillon III.

(2) Comédien ! comédien ! répétait le pape Pie VII, dans ses démêlés avec Napoléon, à Fontainebleau.

gouverner un attelage ou le violenter et l'assommer. Le lecteur va en juger par quelques aperçus: pourquoi, par exemple, n'y a-t-il que les bureaucrates qui ne se mettent pas en grève; pourquoi l'Internationale n'en compte-t-elle aucun dans ses rangs ? Parce que la société en regorge. Faites que chacun sache manier l'aiguille et l'alène; forger un clou et attacher un fer à cheval; équarrir une poutre, dresser un fossé, employer un sac de plâtre; tresser, tordre, lier et assembler la paille, la fougère, les roseaux et les fascines pour en construire des abris, etc., toutes choses indispensables d'ailleurs à un soldat; et l'Internationale aura les reins cassés : car alors, l'armée, au lieu de la combattre avec le chassepot, la réduirait le plus souvent avec l'instrument de travail.

D'un autre côté, les grèves se retourneraient contre les grévistes, par le grand nombre de capacités flottantes et les permutations que l'oscillation incessante de l'offre et de la demande amèneraient. Or, il est peu d'élèves qui, de huit à quinze ans, n'apprissent déjà quelque chose d'un métier, au bout de six mois d'assiduité, dans un atelier, surtout si l'on consultait leurs inclinations et leurs goûts. La France possède encore 35,000 communes qui, au moyen d'un système de prestations convenablement agencé, fourniraient à peu de frais 2 ou 300,000 professeurs ou maîtres-compagnons. On aurait ainsi le spectacle merveilleux d'une immense école mutuelle animant et fécondant les hameaux les plus reculés.

Il faut donc faire pour le corps ce que l'on fait pour l'esprit; et, de même qu'un bachelier ès-lettres et ès-sciences est à la portée de toutes les professions libérales, de même un bachelier *ès-travail manuel* et *ès-arts mécaniques* serait, en quelque sorte, à cheval sur tous les métiers: il saurait se servir de ses membres, comme l'autre sait se servir de son intelligence. La société y gagnerait de compter moins d'aspirants aux emplois publics, moins de déclassés, moins de vagabonds. Mais un gouvernement qui se douterait quelque peu de l'importance des détails, voudrait avoir des statistiques et des tableaux comparatifs des industries particulièrement exposées aux grèves, et il s'appliquerait à former des sujets pour y remédier.

Plutôt que d'allouer des primes, et d'accorder des immunités aux séminaires et au personnel des cultes, ce qui est favoriser le farniente, ne serait-il pas souverainement judicieux d'employer ces encouragements à équilibrer les besoins de l'industrie, de façon à affermir la société sur ses bases ? Il n'est pas nécessaire d'insister pour voir quelle eût pu être la ligne de conduite d'un monarque intelligent, en face des difficultés léguées par l'ancien régime.

Sans parler des aptitudes de la jeunesse à se façonner à toutes les exigences, nous ajouterons qu'il n'est pas jusqu'à ses écarts d'imagination qui ne fussent, le plus souvent, des conditions ou des éléments de succès entre des mains intelligentes. En effet, la jeunesse ne doute de rien, elle se sent capable de tout, ses aspirations sont immenses, elle s'enivre du grand et du beau : c'est une loi de sa nature, c'est sa conscience et sa foi. En proie à une fièvre d'action, avide de dangers et de sacrifices, une seule chose lui fait défaut : la direction, c'est-à-dire la culture, l'Éducation.

Mais continuons, car nous avons résolu d'esquisser rapidement le programme de la Révolution, et de manifester par le détail l'insanité des monarques et des courtisans.

Nous en étions aux travers de la folle jeunesse ; mais vaudrait-il mieux qu'elle fût calme, égale, prudente, circonspecte ? Oui, s'il s'agissait de former des marguillers et des bureaucrates ; mais il s'agit, hélas ! de solder les extravagances de l'Empire et de relever l'honneur de la France. Il s'agit beaucoup aussi de rendre à jamais impossibles les hontes de la tyrannie et les désastres de l'invasion. Prenons garde qu'après avoir travaillé à grands frais pour les quatre facultés, nous n'ayons point d'hommes pour les longues marches et les campements en plein air ; prenons garde que la plus belle main pour tenir une plume ne soit la plus impropre pour manier une arme. Plus d'illusions, plus de fausses routes : voyons ce qu'il nous manque, et travaillons dès à présent à le conquérir, *coûte que coûte*. Or, ce qu'il nous manque avant tout, ce sont des cœurs fermes et des reins forts ; c'est l'unité dans les grands sentiments et les grands devoirs : l'instruction proprement dite ne vient qu'en sous ordre. Rappelons-nous toujours que les rhéteurs grecs ont gâté les mœurs romaines, ouvert la voie aux Nérons et amené la chute des maîtres du monde.

Cette foi, cette confiance de la jeunesse en sa force, sont des trésors inépuisables pour qui saura les exploiter ; cette impatience de tout frein, ce besoin immodéré de mouvement, c'est encore une puissance : le coursier du livre de Job serait d'une beauté moins achevée s'il ne blanchissait le mors sous une main habile. Qu'est-ce à dire ? On fait l'éloge du soldat de marine, et l'on n'a pas assez de mépris pour le faubourien débrailllé ! C'est exactement comme si l'on donnait des louanges à un homme parce qu'il est bien proportionné dans ses membres, et que l'on persécutât un autre homme parce qu'il est contrefait. Ce qu'il faut glorifier ou blâmer en tout ceci, ce sont les procédés de l'Etat : admirables sur le pont d'un vaisseau, détestables sur le pavé des villes ; c'est l'Éducation, le milieu et les circonstances diverses qui ont présidé à l'évolution des individus. Le travail, le spectacle de la grande nature, la discipline, ont donné un soldat accompli ; l'absence de toute direction, le contact du vice doré et titré, les ordures qualifiées qui décorent nos monuments et nos places publiques ; les intrigants et les libertins dans les palais et dans nos temples, l'oisiveté rétribuée des deniers de l'Etat, ont enfanté le communard, et légitiment à ses yeux le sac et l'incendie.

Il est profondément regrettable que l'on ne puisse, en aucune façon, assimiler un département à une escadre, un arrondissement à une flottille, nos cantons et nos communes à des vaisseaux de guerre, et, selon leur situation et leur importance, en faire des monitors ou des avisos, car il y aurait lieu d'espérer que les mêmes hommes qni déploient de si prodigieux talents d'organisation sur un navire et dans un port de guerre, ne se refuseraient pas à en dégager quelque peu au profit de nos villes, bourgs, villages et hameaux. Quoi qu'il en soit de ces rapprochements, on ne voit pas quel écart si grand il peut y avoir entre l'éducation dans un collége, et sur une frégate-école, et pourquoi les méthodes seraient plus efficaces ici que là.

Bien loin d'exiger de nos monarques qu'ils eussent eu des idées avancées sur l'Éducation et les questions qui s'y rattachent, nous serions plutôt étonné que leur position bizarre leur permît jamais d'y comprendre quelque chose, étrangers qu'ils sont aux moindres détails de la vie usuelle. On ne s'explique pas, en vérité, l'infatuation des multitudes pour ces artistes du *rien-faire*, quand on songe que depuis Pierre Ier de Russie, qui fut un phénomène, il ne s'en est pas rencontré un seul qui sût seulement allumer du feu. On est stupéfait, par exemple, en voyant que Louis-Philippe, le plus éduqué de tous ces paragons, l'ancien professeur de Reichenau, n'a pas su écrire son abdication — trois lignes ! — sans l'assaisonner d'une demi-douzaine de fautes de français.

—

« Si jeunesse savait et vieillesse pouvait, » est un adage dont le vieillard ne retire que des regrets stériles, mais qui serait pour la France abaissée un trait de lumière sur la conduite qu'elle doit tenir; car elle est tombée faute d'une jeunesse robuste, savante et disciplinée.

On a quelquefois comparé l'existence d'une nation à celle d'une personne; et certes, il y a, à beaucoup d'égards, une certaine parité. La vie d'une nation a toutefois ceci de consolant, c'est qu'il n'est pas sans exemple, dans l'histoire, de voir un peuple se régénérer par la base et fournir une carrière nouvelle. Témoin la race arabe qui reprend à Mahomet. D'autres fois, c'est une nationalité qui se produit de toutes pièces, comme les États-Unis d'Amérique, et donne au monde un spectacle tout nouveau. Dans ces deux cas, les éléments sont entièrement différents, et les choses n'en vont pas moins avec un grand appareil de vitalité; et cela, jusqu'à ce que des signes de décrépitude se manifestent, et que se fasse sentir le besoin d'une rénovation qui manque rarement, mais ne se produit jamais avec l'élément épuisé. Ainsi ont péri sans retour les modalités du culte idolâtrique; ainsi tombera le catholicisme, lequel n'est déjà plus qu'une guenille sur les épaules de nations en voie de décomposition. Le protestantisme semble faire exception ; cependant, on remarquera que de toutes les manifestations politico-religieuses auxquelles il a donné lieu, les plus fécondes sont partout les plus raisonnables, celles qui contrarient le moins la philosophie et la morale universelle, celles enfin qui respectent le mouvement. De telle sorte que, à chaque étape sur la route du progrès, on pourrait discuter à l'effet de savoir si c'est une idée nouvelle qui se produit, ou la vieille idée chrétienne qui réapparaît, se transforme et s'étire à la mesure et selon les tendances du cerveau humain.

—

En voilà tout assez, dans une simple brochure, pour démontrer que la Révolution est la chose du monde la plus naturelle, la plus logique, la plus légitime et la plus inéluctable; et qu'il n'y a que dés monomaniaques qui puissent rêver l'immobilité et l'élever à la hauteur d'un principe.

Il reste maintenant à se demander quel caractère doit avoir la Révolution. L'Évangile la veut radicale, c'est-à-dire subversive. Il suffirait peut-être qu'elle fût raisonnable, et qu'elle donnât satifaction aux intérêts engagés depuis un grand nombre d'années, soit dans les soulèvements populaires, soit dans les rapports internationaux ; et surtout qu'elle fût dans le courant de la morale universelle et de la philosophie la plus humanitaire. Mais à quelque point de vue que l'on se place, il est impossible de concevoir la Révolution sans des principes, sans une foi ou des habitudes nouvelles : nous voulons dire *non épuisées, non déflorées*. Vers la fin du XVIIIe siècle, le programme était complet : c'étaient les principes immortels de 89, la propagande révolutionnaire, une sorte d'apostolat environné d'une auréole glorieuse. Il y avait là pour griser un peuple moins impressionnable que le français.

Dix années ne s'étaient pas écoulées, que déjà la Révolution était faite : elle était dans la loi et dans la rue. Il ne restait plus qu'à la faire entrer dans l'école. Mais le héros corse n'avait pas l'étoffe des Marc-Aurèle et des Washington ; Napoléon était un sujet *entraîné* dans le cercle de Grégoire VII ; c'était, ô puissance irrésistible de l'Éducation ! C'était — il ne s'en défend point — un Italien avec ses goûts natifs des pompes religieuses et son amour immodéré des cloches et du faux-bourdon. Il releva le droit divin à côté de la Révolution : autel contre autel. Dès lors, l'insurrection fut constituée : elle eut *son centre partout et sa circonférence nulle part* ; elle eut un pied dans l'Eglise et un pied dans l'Etat ; un pied dans l'école primaire et un pied dans l'Université. D'où ces parturitions bizarres, ces enfants terribles des sectes, des partis, des congrégations et des chancelleries qui devaient aboutir au *deux décembre* et à la *Commune*. Qui débrouillera ce chaos ? Une Éducation fortement accentuée dans le sens national et humanitaire.

———

Les anciens avaient sur l'*Education* et l'*Instruction* des idées très-étendues, comme le prouve l'étymologie. En examinant attentivement leur édifice religieux, on voit qu'il n'était qu'un vaste système d'enseignement, et une glorification des beaux-arts et du travail. Or, le travail est au fond de toutes les illustrations, de toutes les gloires ; et l'on peut s'assurer qu'elles ne sont toutes, dans leur diversité, que des expressions de l'activité humaine qu'il appartient à l'Éducation de faire naître et de développer.

———

Que l'on étudie attentivement l'histoire, et l'on verra que la France, dès les temps les plus reculés, a subi de nombreuses invasions ; que c'est le pays qui a reçu le plus de sang étranger et celui qui en a le plus renvoyé ; mais on verra aussi que toujours le malheur a été pour elle une leçon de sagesse et le point de départ des plus grands retours de fortune.

Nous disons donc que, voisine immédiate de la Prusse savante et habilement *entraînée* pour la guerre, la France, dont la position en Europe est celle d'un fils de famille au milieu de pauvres gens, est tenue aux plus grands sacrifices, en vue d'une lutte suprême qui, en dernière analyse, sera une mise de cœur et d'argent. Oui, le moment est venu pour l'illustre vaincue de se montrer aussi grande que son nom, aussi intelligente que sa réputation littéraire. La France, la plus riche de son propre entre toutes les nations de la terre, doit faire les choses grandement, largement, princièrement. Elle se rappellera que tous ses grands revers : Crécy, Poitiers, Azincourt, Pavie, Waterloo, Sédan, ont été causés par la fatuité et l'ignorance des princes ; qu'elle est tombée toujours par la conspiration de la démence et de la routine.

———

Le système que nous proposons, consisterait à tirer tout le parti possible de l'activité insatiable inhérente à la première période de la vie, de telle sorte qu'un jeune homme de 14 à 15 ans n'eût plus rien à apprendre comme citoyen utile et comme soldat de toute arme ; et que, plus tard, il ne pût être arraché à sa famille et à son travail que pour des exercices d'ensemble ou la défense de la patrie. Ce serait, d'ailleurs, une garantie pour les grands intérêts nationaux : santé publique, amélioration et perpétuité des races, qui ne seraient plus abandonnés aux non-valeurs morales et physiques que rejettent chaque année les conseils de révision.

C'est à savoir si, ce qui serait enseigné de 7 à 15 ans, on le saurait moins bien (1), on le ferait moins prestement; et si, en ce qui concerne l'école du soldat, il y aurait un avantage marqué sous les rapports de l'agriculture, de l'industrie, du commerce et des finances, à demander aux jeunes gens, ce que jusqu'ici l'on a demandé à l'âge viril. Mais voyons d'abord ce qu'il y a sous les mots.

L'Éducation proprement dite est la science pratique de la vie individuelle et collective, l'Instruction n'en est que l'ornement.

L'Éducation est commune aux hommes et aux animaux. Décomposée dans ses éléments, elle se réduit à des notions et à des habitudes, ce qui ne se peut dire de l'Instruction, qui serait, selon nous, une éducation théorique ou spéculative particulière à l'homme. Il ne faudra donc jamais confondre l'*Education* et l'*Instruction*.

Les animaux sauvages, dont la vie est simple et uniforme, viennent au monde avec une éducation toute faite et parfaite : c'est l'éducation instinctive; l'homme, au contraire, dont la vie est d'autant plus collective qu'il appartient à un milieu plus civilisé, naît avec une éducation à faire, avec des aptitudes.

Il suit de là que *l'homme est de toutes les créatures, la plus susceptible d'éducation et celle qui peut le moins s'en passer ; et que les différences que l'on observe entre les hommes, tiennent plus encore à la culture qu'à la race et au climat.* Il suit de là aussi que la question de l'éducation a peu d'importance chez les peuples à l'état primitif, mais qu'elle en acquiert une très-grande chez les nations civilisées. En effet, le naturel de la Nouvelle-Hollande n'a besoin d'aucun effort pour arriver à des notions et à des habitudes sur ce qui se rattache à son entourage, à ses besoins personnels et à ceux de sa tribu. Il n'en saurait être de même de l'habitant des grandes cités européennes. Placé dans ces conditions, l'homme change véritablement de nature; il se divise, il se subdivise, il se pulvérise en quelque sorte dans chacune de ses aptitudes, à mesure que le sybaritisme social enfante un confort ou une dépravation nouvelle. Alors, ne pouvant recevoir des notions et prendre des habitudes sur tout ce qui l'entoure, sur tout ce qui se rattache à ses besoins personnels et à ceux de la société, il ne doit prétendre qu'à une édu-

---

(1) L'exemple de Napoléon pourrait être de quelque poids. En effet : élève de l'école militaire de Brienne à 9 ans, il était lieutenant en second à 16,

cation scindée, partielle, limitée à la mesure de ses facultés et de son activité. Dans cet état de subdivision extrême, le citoyen n'a plus rien de commun avec le patriarche biblique : celui-ci était, pour ainsi parler, un astre central, celui-là n'est plus qu'un satellite se mouvant dans un orbe restreint, ou même qu'un simple bolide égaré dans les espaces sociaux : tel est, par exemple, la gavroche du capharnaüm parisien.

De cette situation parfaitement logique, puisqu'elle est le résultat forcé de toute civilisation avancée, découle pour l'Etat, une nécessité, un devoir impérieux, celui de saisir et de conglomérer la jeunesse de toutes les classes, sous une loi inflexible et des habitudes uniformes exclusivement laïques et militaires. Ce faisant, on aurait ainsi dans la nation un fonds commun d'idées et de principes pratiques, c'est-à-dire des mœurs : car l'Éducation et les mœurs étant solidaires, la bonne éducation ferait les bonnes mœurs, *et vice versâ*.

Il répugne, sans doute, d'entendre ranger les hommes parmi les mammifères ; toutefois, si l'on raisonne largement, on est forcé de reconnaître qu'ils se tiennent étroitement à leur point de départ, que rien ne les différencie dans la vie embryonnaire, que pour arriver à l'état adulte, ils doivent passer également un certain temps dans le sein de la famille ou de la société, suivant leurs espèces ; et que ces gestations accomplies, l'individu a reçu son cachet, qu'il est ce qu'il sera dans l'avenir, savoir : une brute achevée, ou un homme dans le sens du mot, selon que l'Éducation aura imprimé tel ou tel caractère.

Mais comment délimiter la période évolutionnaire qui appartient à l'Éducation ? Elle varie eu égard aux espèces : chez les animaux de l'ordre supérieur, elle s'accomplit en général avec la seconde dentition. En est-il de même pour l'homme ? Telle est la question.

Ici, mais ici seulement, l'homme s'écarte de la règle zoologique, car il a réellement trois évolutions dentaires, séparées par des intervalles égaux, en rapport avec des modifications organiques et intellectuelles. De zéro an à 7 ; de 7 à 14, et de 14 à 21. Partant de là, nous dirons : de la naissance à 7 ans, préparation à l'Éducation ; de 7 à 14 ans, Éducation proprement dite ; de 14 à 21 ans, Éducation spéculative ou ornementative : c'est ce que nous avons appelé l'Instruction qui est, comme on l'a vu plus haut, une faculté particulière à l'espèce humaine. Dans cette dernière période, en effet, le crâne et la face acquièrent tout leur développement; et un emplacement en résulte pour loger la dernière dent, qui a reçu son nom d'une faculté psychologique correspondante : on l'a nommée la dent de sagesse.

Un grand enseignement se dégage de ces considérations physiologiques : c'est que la brute sera toujours identique à elle-même, tandis que l'*homo sapiens* ne saurait être que l'expression rigoureuse de l'Éducation.

Cela explique aussi pourquoi toutes les races humaines ont eu leur jour de grandeur, pourquoi elles sont égales à leur origine ; et, à un point de vue plus pratique, devant le législateur, qu'il s'appelle Moïse, Lycurgue, Numa, Solon, Confucius, Jésus-Christ, Mahomet, Washington.

En résumé, pas d'Éducation, pas d'homme ; mais un mammifère déclassé et dépravé. Hélas ! combien de Dumolards, de Lapommeraies, de Troppmanns on coudoie tous les jours dans le monde, auxquels l'occasion, l'esprit de suite et d'exécution font heureusement défaut ! D'où il faut conclure que, lâcher dans la société un seul homme, sans lui avoir imprimé le sceau d'une éducation puissante, fondée sur des pratiques et des habitudes natives fortement enracinées, c'est l'exposer manifestement au contact d'une bête féroce.

L'Éducation développe une constitution et des habitudes indélébiles. Par éducation, il faut entendre aussi la procréation et tout ce que donne le concours éclairé de la famille secondée de l'Etat : la nourriture, les soins, le goût du travail, la bonne direction aux instincts d'activité, de moralité, de docilité. Au contraire, l'Instruction toute seule est un instrument de dissolution, de désagrégation qui ne fournit aucune garantie à la société. Avec une éducation forte et bien dirigée, on referait Athènes et Rome antiques ; avec l'instruction toute seule on n'aura jamais que des malfaiteurs à la tête des affaires, et d'autant plus redoutables qu'elle aura été poussée plus loin : cela saute aux yeux par le temps où nous vivons.

A Sparte, on mettait à mort tous les nouveaux-nés qui présentaient quelque difformité ; en Chine, il est permis, dit-on, d'exposer ou de faire périr les enfants que l'on ne peut nourrir; en France, l'usage — la dépravation aidant — autorise à les mettre *en nourrice* ; et la statistique apprend qu'il en meurt parfois jusqu'à 85 0/0 dans la première année.

Ici, les expressions manquent pour retracer la barbarie inconsciente, d'une part, et d'autre part, les souffrances d'une agonie qui dure souvent de longs mois et revêt toutes les formes possibles du martyre. . . . .

Les expressions manqueraient également si nous voulions aborder le régime des impôts, et montrer que l'aliment qui se mêle à tous les autres : la piquette, les lavures de marcs, les boissons faibles, ce que le riche fabrique lui-même sur sa table par mesure d'hygiène, en mêlant son vin avec de l'eau, est proscrit à l'entrée des villes, ou frappé de droits de circulation qui en rendent l'usage impossible aux classes ouvrières ; que, par suite, l'extraction en est le plus souvent abandonnée, et que, en dernier résultat, la voie publique est abreuvée de la seule et unique boisson alimentaire dont l'abus est impossible et l'usage indispensable, à l'égal du pain.

Les expressions parlementaires manqueraient enfin s'il fallait qualifier la conduite d'un gouvernement qui, en mesure de savoir qu'il faut absolument à l'organisme un excitant dilué, contraint ses administrés à le prendre à l'état de concentration, disons le mot, à l'état de poison !... Or, le nourrisson et l'ouvrier ont, ce semble, le droit de n'être point empoisonnés, hé ?

Chose étrange ! on ne s'est jamais demandé en haut lieu ce que le producteur fera d'une récolte qui ne se peut ni consommer, ni emmagasiner, ni vendre sur les lieux !

Une enquête en Normandie, par exemple, ferait voir que dans les années d'abondance ou même moyennes, on abandonne les marcs de pommes après deux opérations, alors qu'une troisième et une quatrième donneraient des produits susceptibles de fermentation et d'un usage excellent pour la santé. On constaterait une perte sèche de plus d'un tiers de la récolte, pour le producteur, la main-d'œuvre, le roulage et la consommation. Or, l'industrie du roulage, elle-seule, vaut presque celle du bâtiment ; elle est aux chemins de fer ce que le cabotage est à la navigation transatlantique.

Avec des écoles secondaires dans tous les chefs-lieux de canton, l'Éducation et l'Instruction iraient de pair : on reproduirait d'abord le soldat antique, puis le citoyen, puis l'ingénieur, le savant, et enfin l'homme de guerre, à la mesure du progrès moderne et des relations internationales.

Nous venons d'en faire l'expérience, au temps où nous vivons, un militaire doit savoir tout faire et pouvoir tout exécuter dans la limite extrême des forces humaines ; un grand général ne doit rien ignorer ; un soldat doit toujours regarder en avant ; un général doit souvent regarder en arrière.

Pour revenir aux questions de principes, l'homme étant un composé de facultés morales et intellectuelles servies par des puissances organiques, il est bien évident qu'en dehors de ce cadre, il ne peut y avoir que des estropiés ou des infirmes. A ce point de vue, les générations de l'empire ne seraient donc que des non-valeurs absolues. Ce qui revient à dire que la République ne peut compter que sur la jeunesse des écoles.

Non-valeurs, en effet, ces populations du scrutin, tellement divergentes, que l'on pourrait presque dire que ce sont des espèces différentes : natures viciées, organisations malades, ces produits d'une civilisation désordonnée, où la matière et l'idée sont déversées, avec exubérance, à des pôles opposés.

Ce qui résulterait d'abord d'une culture intelligente de l'espèce humaine, ce serait la diminution de ces non-valeurs et, par suite, un contingent disponible, supérieur aux besoins, puis, sous certaines réserves, le retour à l'exonération militaire par excès d'hommes pour la guerre ; ce serait enfin une France inexpugnable, à l'abri de l'invasion.

La moyenne des jeunes gens inscrits sur les tableaux de recensement pour concourir à la formation du contingent, est, par année, de 325,000. Sur ce nombre, il y en a 108,569 qui sont impropres au service. Ils sont ainsi répartis.

Défaut de taille....................................	18.000
Faibles de constitution.........................	30.250
Écloppés	15.988
Bossus, etc..	9.100
Aveugles, sourds..................	6.930
Bègues...	963
Edentés	4.108
Vénériens	5.114
Maladies de peau.................	2.529

Goitreux. 5.213

Epileptiques. 2.138

Varices 8.236

On voit ici que la proportion des impropres est d'un tiers. Or, voilà sur quoi repose l'avenir du pays, les intérêts de la population ; car le clergé et l'armée ayant prélevé, pour le célibat, la partie saine de la nation, il ne reste, pour le mariage, que les déchets. Et l'on s'étonne que le Français soit un être grincheux et impuissant ! Qu'y a-t-il, en effet, du sommet à la base ? De la morgue ou de la blague.

———

Il faudrait être frappé d'aveuglement pour ne pas voir que ce qui se passe en Prusse, depuis la bataille d'Iéna, n'est, à proprement parler, qu'une nouvelle édition des lois de Lycurgue et de Solon, merveilleusement adaptée aux temps modernes. Où a-t-on vu, ailleurs qu'en Grèce et en Allemagne, une nation tout entière transformée en un vaste champ de manœuvres, et l'universalité des citoyens en état de tenir une arme, obéir comme un seul homme aux nécessités de la guerre ? Quoi qu'il en soit, on avouera que les institutions de la Grèce seraient d'autant plus intéressantes à étudier, qu'il y avait alors, comme aujourd'hui, des princes en démence et des peuples dépravés, une situation enfin qui ne laissait d'autre alternative que la dissolution de la patrie ou sa régénération par la base.

Là non-seulement serait la solution de la fameuse question d'Orient, mais celle d'une autre question qui se pose pour la première fois entre la Russie et la Prusse : *la question des races latines.*

Ces rapprochements paraîtront d'autant moins hasardés que, si le génie humain ne donne plus rien dans des régions jadis exubérantes, il en est de même du territoire. Dira-t-on que la nature, elle aussi, a changé, que les pluies et le soleil ont perdu de leur action fertilisante ! Où sont ces fameux greniers de l'Egypte, de l'Afrique et de la Sicile qui nourrissaient l'empire romain ? Tout cela s'en est allé, tout cela a disparu du jour où l'Éducation a fait place au far-niente, du jour où la culture bien entendue, de l'homme lui-même, a été abandonnée. Or, la Grèce tenait sa civilisation de l'Egypte, et la Sicile avait reçu la sienne de la Grèce.

Mais si, en Morée et en Italie, sous un ciel de Lazaroni, où les hommes passent le temps étendus au soleil comme des lézards, des législateurs, par une éducation savamment conduite, ont pu susciter des légions de héros, que serait-ce dans nos climats tempérés ! Pour être édifié à ce sujet, il faut considérer ce qu'était la Prusse en 1806, et ce qu'est devenue la France en 1871. Là, en effet, une éducation suivie avec une rare constance ; ici, au contraire, une démoralisation systématiquement persistante jusqu'au gâchis.

Nous admirons la littérature et la statuaire des Grecs ; eux seuls ont eu l'intelligence et le sentiment du beau idéal. Pourquoi donc traiter si légèrement leurs moyens d'action sur les populations, l'art qu'ils avaient trouvé de faire des citoyens et des hommes de guerre ? Si Lycurgue avait pensé que l'on pût faire des soldats avec des adultes, il n'aurait pas prescrit de commencer l'éducation dès l'âge de sept ans ; s'il s'adressait aux enfants, c'est apparemment qu'il avait reconnu qu'un homme de vingt ans n'était déjà plus assez malléable pour la discipline, la vie des camps et les exercices militaires.

Nous ferons observer incidemment que le pouvoir clérical, lequel combat la nature, la famille, la morale universelle et le sens commun, a fixé, lui aussi, à sept ans, c'est-à-dire à l'apparition des secondes dents, le commencement de son entrainement.

Les motifs de Lycurgue se déduisent facilement de l'observation des faits ; car, de même que l'évolution des premières dents témoigne d'une modification organique de l'estomac, qui le dispose à un travail plus considérable à l'égard des aliments , de même l'apparition des secondes dents est le signal d'une énergie plus grande dans la vie de relation. Voilà pourquoi, d'accord d'ailleurs en cela avec tous les maîtres et professeurs dans les arts, qui s'occupent de gymnastique ou qui travaillent pour le théâtre, nous fixerons cette époque pour les premiers exercices musculaires. Faut-il ajouter que ce qui a été pratiqué de jeune âge ne s'oublie jamais : l'équitation, l'escrime, la natation, le canotage, le saut à la corde, la danse, la paume, etc ? Demandez cela à un vieillard, sa mémoire a oublié, mais le corps se souvient.

On objectera que la France, sous le premier Empire, produisait naturellement d'excellentes armées ? Assurément, mais alors les conditions de l'existence étaient bien différentes. Sans parler de l'industrie des nourrices, sans parler de manufactures qui fauchent en herbe l'élément vital de la nation, il y a soixante ans seulement, la France n'avait pas de routes, tout le monde montait à cheval, jusqu'aux femmes, aux enfants et aux vieillards ; un voyage de cent lieues était une chose épouvantable ; il fallait se battre avec les éléments, avec les brigands, avec les chiens et les loups ; chacun était son gendarme à soi-même ; les assemblées et les cabarets étaient des champs de bataille journaliers, les maisons des citadelles grillées ; on montait la garde la nuit dans les fermes. Au siècle dernier, tout le monde portait l'épée : le perruquier avait un maître d'armes, et l'ouvrier un *professeur de bâton* ; nos maîtres de danse seraient des lourdeaux comparés aux campagnards de ce temps-là ; un homme n'avait bonne grâce et n'était bien venu des dames que s'il s'élevait perpendiculairement à des hauteurs fantastiques en battant des entrechats. Jugez de l'émulation de nos bons aïeux ! C'était alors le règne de Vestris Ier. On s'est moqué de son outrecuidance, mais au point de vue des intérêts que nous débattons, ce personnage n'était, en vérité, pas trop déplacé à la tête du siècle, entre Voltaire et Frédéric II. En Bretagne, quand un paysan louait son cheval, il suivait à la course, quelquefois quatre à six lieues, en tenant la queue de l'animal. Dans nos villages de Normandie, on se souvient encore avoir vu, le dimanche, après vêpres, les filles et les garçons courir des jeux aujourd'hui abandonnés. Ainsi d'une foule de divertissements qui exigent de la force, de l'adresse, de l'activité et une grande énergie organique.

Par quoi tout cela a-t-il été remplacé ? Par son antipode : l'antipode de l'activité, c'est la stupeur, on la demande au tabac ; l'antipode de la gaîté, c'est la fièvre, on la demande au café ; l'antipode de l'enthousiasme, c'est le délire, on le demande à l'absinthe ; l'antipode de la vie, enfin, c'est la mort, et l'organisme tout entier est mis en coupe réglée et dévoré sur place, au profit de joies factices et de divertissements malsains.

Si l'on considère maintenant que la France, par sa situation sous le soleil, par la variété de ses productions, par sa marine et ses colonies, par son industrie, ses arts et sa littérature, est par excellence le pays des transactions, des échanges et des plaisirs, on verra qu'elle devait nourrir, il y a cent ans, des populations excessivement actives et entreprenantes. Or, l'activité, c'est la première vertu d'un

homme de guerre. Qu'était-ce que César, au sentiment de Cicéron ?
« *monstrum activitatis.* »

Sait-on, par exemple, de quoi serait capable un homme *entraîné*
pour la marche ? Non, on ne le sait pas. Mais en suivant les grands
capitaines dans leurs succès merveilleux, on devine des prodiges
d'activité. Voici, pour mon compte, ce que j'ai vu. Ceci se passait
dans la Nouvelle-Hollande. Je chassais le kangurou en compagnie
d'un Anglais. Nous étions partis dès la pointe du jour, et nous
allions droit devant nous, en courant parfois à toute vitesse, afin de
secourir les chiens contre un gibier qui se défend souvent avec
avantage. On peut estimer que le soir nous étions à 10 ou 12 lieues
de notre point de départ. On s'aperçoit alors que le sauvage que
nous avions chargé de nos provisions et de nos couvertures, pour
la nuit, ne paraissait point : il était retourné au débarcadère. Eh
bien ! mon compagnon, furieux, prit sa course, et fit deux fois le
chemin de la journée ! Il était de retour à trois heures du matin.
A six heures, il se remettait en chasse, et rentrait à quatre heures
de l'après-dînée, avec sa charge de gibier sur ses épaules. En raison-
nant au plus bas, ce chasseur avait donc fait une quarantaine de lieues
en 34 heures. Cet homme ne se croyait point un prodige ; ce n'était
pas, selon toute apparence, un marcheur entraîné de jeune âge.
Mais que l'on suppose une armée d'hommes taillés sur ce gabarri !
Comment les saisir, comment les tourner ? Cherchez : cette science
n'existe point. Témoin la seconde guerre punique, qui nous montre
une poignée d'hommes se maintenant pendant seize ans au cœur
de l'Italie. Dans ce temps-là, il faut tout dire, les conseils de révision se tenaient sur le Mont-Cenis ou dans les marais de Clusium.
Mais ces considérations de l'ordre naturel ne touchent point les
intelligences de serre-chaude qui gravitent autour du budget, s'éver-
tuent dans les antichambres, escaladent les emplois, et consacrent
ensuite toute leur énergie à les défendre. Pauvre France !

On remarquera, comme argument suprême, que l'égalité civile,
qui est, à tous égards, la plus belle conquête de la Révolution,
devient une des folies sociales les plus monstrueuses sans son correctif
obligé : l'Éducation première, nous voulons dire une discipline de
fer qui saisirait le citoyen à son entrée dans la vie, et lui imprime-
rait en caractères indélébiles, les principes de la justice et l'habitude
du devoir.

L'Éducation première serait donc le correctif obligé de l'égalité civile inscrite dans nos lois.

Cet examen rétrospectif, quoique bien sommaire, suffit à donner la mesure des modifications physiques et morales imprimées aux populations depuis quatre-vingts ans. On s'expliquera ainsi notre supériorité relative, notre prépondérance en Europe, sous le premier Empire ; et, par contre, notre décadence progressive, notre abjection ; et enfin, cette chute affreuse de 1870-71, qui nous couvre d'opprobre et nous rend la risée du monde entier.

Tous les honnêtes gens veulent croire aux lumières et au patriotisme de l'ASSEMBLÉE NATIONALE; mais ils regrettent de ne pas trouver en elle un programme nettement formulé, appuyé sur un raisonnement solide, qui GARANTISSE le pays contre le retour d'un ordre de choses qui n'a pas su administrer au pair la nation réputée la plus riche du monde, ordre de choses dont elle ne pourrait supporter une nouvelle épreuve sans être menacée directement dans son existence. Ils redoutent surtout que la réaction ne vienne légitimer les excès de la Commune, en montrant que l'insurrection avait toute raison de craindre pour les destinées de la République.

Faudra-t-il donc prouver qu'un système de gouvernement qui, en moins de vingt années de paix intérieure, contracte près de sept milliards de dettes et exagère tous les impôts, est financièrement impossible? faudra-t-il prouver qu'un édifice qui s'effondre dans le plus effroyable gâchis, malgré l'étai et la pierre de soutien de tous et de chacun, en laissant une augmentation annuelle au budget, de 1 milliard 250 millions, n'est pas viable ? Mais l'évidence équivaut à un fait, et le fait est indiscutable : nous passons.

Être ou ne pas être ; vivre ou mourir ; la Révolution ou la mort : telle est la question.

Je n'ai d'autre titre à la confiance de l'ASSEMBLÉE, que certain volume publié *six mois avant la guerre* (1), dans lequel tout est déduit et annoncé : les causes multiples de l'infériorité des nations catholiques, et la ruine prochaine de la nation française.

L'objet que je me proposais alors était de faire connaître le Chris-

---

(1) Etudes sur la Révélation au point de vue de 1789. Librairie Internationale, boulevard Montmartre, 15.

tianisme, de l'isoler du catholicisme, et de le faire aimer, en démontrant, par les textes sacrés, que le Rédempteur n'a voulu autre chose que retourner un culte stérile, un culte d'oripeaux, un culte ruineux, et le transporter du temple dans l'école, des mains du prêtre dans celle de l'instituteur, de Dieu enfin, qui n'a besoin de rien, à l'humanité qui manque de tout : car telle est évidemment la signification essentielle du mystère *Homme-Dieu.*

Eh bien ! celui qui, de déductions en déductions, et par un travail opiniâtre, est parvenu à voir clairement les choses d'un lendemain aussi inattendu, vous supplie, Messieurs, au nom de la patrie mutilée, de faire la déclaration qu'il met sous vos yeux ; la voici :

L'Assemblée nationale, érigée en *Reconstituante,* désireuse d'écarter tout malentendu et tout prétexte de guerre civile, émet la profession de foi et les vœux ci-après, qui serviront de base aux lois organiques à intervenir :

A. — Considérant qu'il résulte de nombreuses expériences renouvelées sous toutes les formes, au grand détriment de la patrie, que la monarchie est ruineuse pour la France et destructive de la morale publique, arrête en projet de loi :

1o La monarchie ne pourra jamais être rétablie en France.

2o Tous les biens, meubles et immeubles pouvant servir à reconstituer une monarchie, seront mis en vente dans le plus court délai, et adjugés par lots, au plus grand profit du trésor, de l'instruction publique, du commerce et de l'agriculture.

B. — L'Assemblée nationale, considérant que la *Justice* est à l'état de sentiment inné chez tous les hommes et de démonstration chez toutes les nations ; que, par son action dans l'économie de l'univers et sur les êtres organisés, elle est l'expression la plus large de la divinité, tellement qu'il ne faut que des yeux pour l'apercevoir ; que d'ailleurs elle consacre tous les droits et affirme tous les devoirs, et qu'elle est enfin le résumé le plus parfait des doctrines évangéliques.

Considérant, d'autre part, que toutes les nations catholiques, sans exception, sont déchues et ruinées au moral et au physique : les unes dénationalisées, les autres livrées à l'anarchie, à la banqueroute, arrête en projet de loi :

1o L'Etat se sépare de l'Eglise et des opinions religieuses ; il se rattache directement à Dieu par le culte de la justice.

2º L'Etat ne reconnaît d'autre enseignement religieux que le précepte de *ne point faire à autrui ce que nous ne voudrions pas qui nous fût fait.*

3º Les immeubles nationaux affectés au culte ou aux communautés, font retour à l'Etat.

4º En conformité avec les textes sacrés et l'esprit de l'Evangile ; en conformité avec le vœu de pauvreté prescrit par les canons de l'Eglise romaine et accepté librement par ses ministres, lors de l'ordination ; en conformité aussi avec la morale publique de tous les temps et de tous les pays, les choses du culte cessent d'être articles de commerce. En conséquence, les contrevenants seront passibles de peines correctionnelles.

C. — L'Assemblée, considérant que les armées permanentes ne sont plus en rapport avec les nécessités du présent, qu'elles sont d'ailleurs une cause de démoralisation, d'affaiblissement pour la population, qu'elles font obstacle au travail, à l'industrie, à l'agriculture, et qu'elles ruinent le trésor désormais impuissant à pourvoir à leur entretien, émet les vœux ci-après :

1º Les armées permanentes sont supprimées.

2º Il sera statué sur la formation d'une armée comprenant tous les adultes de seize à soixante ans, chacun contribuant à la défense du pays dans la mesure de ses facultés.

3º La conscription est abolie.

4º L'instruction du soldat rentre dans les attributions de l'éducation commune.

5º Nul, en temps de paix, ne pourra être appelé à séjourner plus d'une année sous les drapeaux.

D. — L'Assemblée, considérant que la France est mise en demeure de choisir entre la mort et la Révolution ; qu'il s'agit pour elle d'être ou de ne pas être ; qu'elle est tombée faute d'hommes, faute de citoyens, faute de patriotisme, faute de moralité, d'intelligence et d'instruction, arrête en projet de loi :

1º La France adopte la Révolution par l'Éducation et l'Instruction secondaire ; l'Etat les garantit gratuites et obligatoires dans tous les cantons.

2º Les ressources affectées jusqu'ici aux armées permanentes, au clergé, à la liste civile, aux travaux stériles, aux courtisans, aux sinécuristes des palais, des domaines et des administrations, seront centralisées au profit des corps enseignants.

3o L'Éducation sera partagée en deux périodes : l'une d'initiation, l'autre d'application. L'Etat demandera trois années à la première dentition, afin d'initier les enfants aux éléments d'une langue étrangère, et sept années à la seconde dentition pour une instruction forte, laïque et militaire, sous les modes professionnels, de telle sorte qu'un jeune homme de quatorze à quinze ans n'ait plus rien à apprendre comme citoyen utile et comme soldat de toute arme.

4o Les élèves de l'Etat seront spécialement *entraînés* pour les exercices du corps, et notamment les longues marches, le canotage et l'équitation.

5o Il sera établi aux différents ministères des recensements trimestriels constatant les aptitudes et capacités corporelles et intellectuelles, ainsi que la force morale de chacun; il en sera formé des séries, de façon à pouvoir organiser, dans le cabinet, des armées composées d'hommes de même pied, et à obtenir des chefs sérieux sous les rapports de l'activité corporelle et intellectuelle.

6o Tous les orphelinats, administrés aux frais de la République, seront tenus par des personnes appartenant à des nationalités correspondantes aux zones du territoire où ils sont situés; on y parlera exclusivement une des langues vivantes qu'il importe de vulgariser en France (1).

Les lauréats de ces institutions pourront être appelés ensuite à coopérer à l'enseignement dans les écoles cantonales primaires, pour les enfants de 4 à 7 ans d'abord; et, plus tard, dans les écoles secondaires, en qualité de professeurs.

---

(1) N'est-il pas manifeste que si, par une combinaison quelconque, sans contrarier les jeux, les ris et les affections les plus pures qui sont l'apanage d'un âge aussi tendre, on obtenait qu'un enfant de 7 à 8 ans parlât couramment, sans effort, une langue étrangère, et qu'il sût lire, le progrès serait immense ? Or, on peut croire qu'il suffirait de salles d'asile, dirigées par des dames étrangères, choisies avec soin dans les pays limitrophes, pour arriver à ces résultats merveilleux.

7o Les sujets reconnus impropres au service militaire actif seront instruits dans les arts, professions et métiers nécessaires à la suite des armées; ils seront attachés aux écoles professionnelles de leur canton, chacun dans sa spécialité, concuremment avec les officiers et sous-officiers retraités ou en demi-solde.

8o L'Etat assure un minimum de 3,000 fr. aux instituteurs.

9o Les instituteurs seront formés à des écoles spéciales.

10o Les ministres des cultes pourront obtenir le logement et la nourriture chez l'instituteur (1), à la condition de concourir à l'éducation des jeunes enfants. Ils auront droit à un traitement, *comme professeurs*. Ce traitement pourra être élevé à 600 fr., s'ils justifient de la connaissance parfaite d'une langue vivante et d'un séjour de trois années d'études et de travail sous la direction de l'Etat, dans le pays où elle est parlée. A ces conditions, ils jouiraient aussi de l'exonération militaire; leur position matérielle serait l'équivalent de celle des aumôniers dans les lycées et dans l'armée.

11o Il sera suppléé à l'insuffisance des ressources précédemment indiquées, au moyen d'impôts et de droits de mutation proportionnels:

1o Sur tous héritages ou donations autres qu'aux titres de parenté des premier et deuxième degrés;

2o Sur les terrains et domaines environnés de clôtures et d'enceintes destinées à conserver le gibier et à assurer les plaisirs de la chasse en tout temps;

3o Sur les livrées du luxe et de la vanité nobiliaire ou financière, ainsi que sur celles des cultes et des cérémonies funéraires.

E. L'Assemblée nationale:

---

(1) On comprend que l'instituteur alors n'aurait de commun que le nom avec ces parias que nous voyons aujourd'hui végéter ignominieusement sous la férule de M. le curé: serviteurs des serviteurs d'un conseil municipal dont le maire parfois sait à peine lire et écrire. L'instituteur tel que nous le concevons, serait un des personnages les plus considérables de la société, et par son éducation et par ses immunités. Cette position enfin serait de nature à attirer à elle tous les fils de famille qui encombrent les professions libérales: ce serait un véritable sacerdoce.

Considérant que cette partie de l'Éducation qui comprend la nourriture et les soins nécessaires aux nouveaux-nés, et pendant la première année de la vie, n'a jamais été l'objet d'aucune disposition législative.

Considérant que les droits du nourrisson sont absolus, et sur la famille et sur la société ; qu'ils sont d'ailleurs clairement indiqués par les précautions infinies que la nature a prises en préparant un aliment tout spécial, et en inféodant, à l'état de vacuité, la mère seule dispensatrice ; que l'enfant qui vient au monde a droit, nonseulement au sein de sa mère, mais à ses soins directs, à ses effluves, à son amour.

Considérant, d'autre part, que toute mère est soumise, par une loi de la nature, à l'obligation d'allaiter ses enfants, et que c'est le premier et le plus sacré des devoirs.

Considérant que la statistique accuse une mortalité de 85 0/0 pendant la première année, chez les enfants alimentés par les méthodes artificielles, et que, pour tout esprit judicieux, cela constitue évidemment l'*infanticide par omission*.

Attendu que des pratiques qui tuent d'une façon aussi manifeste doivent exercer une action dépressive sur les survivants ; attendu que déjà plus d'un tiers du contingent pour l'armée est éliminé chaque année comme impropre au service militaire ; attendu enfin que dans nos dernières guerres, le nombre des malades et des morts, de causes diverses, a toujours dépassé, dans une proportion de plus en plus considérable, celui des blessés et des tués sur les champs de bataille.

Par tous ces motifs, qui touchent à une question de vie ou de mort, aussi bien pour les individus que pour la nation, l'Assemblée émet en projet de loi les vœux ci-après :

1º Toute mère de famille, quelle que soit sa condition, sera tenue d'allaiter son enfant, ou tout au moins de le nourrir et soigner de sa personne, et, en cas de contravention, elle sera passible de peines correctionnelles.

2º Aucune mère ne sera exonérée des devoirs maternels, qu'elle n'y ait été autorisée sur deux rapports dressés par un médecin et un délégué de l'administration assermentés, commis à cet effet.

— 27 —

3o Toutes les académies, tous les corps savants seront convoqués
d'urgence, afin de discuter la rédaction d'un *vade mecum* qui sera
répandu à profusion dans les familles, et offert aux époux par
l'officier de l'Etat civil, lors de la célébration du mariage. Ce *vade
mecum*, à l'usage des mères, sera un cours complet d'Éducation pour
la première enfance.

Rouen, imp. Giroux, rue de l'Hôpital, 25.